サックスプレイヤーのための新しいソロ楽譜
めちゃモテ・サックス〜アルトサックス〜

September

作曲：Maurice White、Al McKay、Alta Sherral Willis　編曲：萩原 隆、田中和音
Maurice White, Al McKay, Alta Sherral Willis　Arr. by Takashi Hagihara, Kazune Tanaka

演奏時間：3分20秒

◆曲目解説◆

ソウル&ファンクの大御所、アース・ウィンド&ファイアーが全盛期の1978年にリリースした楽曲で、バンドの代表曲のひとつです。熱帯JAZZ楽団の代表的なレパートリーとしてもおなじみのこの楽曲。オシャレでエネルギッシュなサウンドとキャッチーなメロディーラインは、一度聴けば頭から離れません。誰もが聞いたことのあるカッコよくノリの良いこの楽曲を、是非演奏してみてください！

◆演奏のポイント◆

　テンポはやや遅めの設定にしてあります。もう少しテンポが速いと勢いでごまかせますが、このぐらいのテンポだと自分の表現の重要性が高まることになります。しっかりテンポに乗って生き生きとしたリズムで演奏することで、遅めのテンポでもしっかりしたグルーヴが出るかと思います。そうなると譜面に書けない要素が必要不可欠です。「グルーヴ」とか「ノリ」と表現されるものが何なのか、音楽の少し深い部分を勉強するきっかけになれば嬉しいです。
　基本的なリズムの取り方を突き詰めるのが本筋ですが、もう少し表面的なテクニックの話を少し…。"ハーフタンギング"という技術を聞いたことがありますか？私もこの楽譜シリーズのアレンジの中で多用していますが、この曲のようなビート感のある曲を演奏する際にはとても役に立つ技術です。ジャズフレーズでは、速いフレーズ内の特定の音を沈める（「のむ」と表現されることが多い）ためにハーフタンギングを使う場合が多いですが、ファンク系、ロック系の曲では、スタッカートを完全に切らずに微妙に残すために使ったりします。スタッカートの指示がなくても、8分音符のリズム要素を増やすために、前半を普通に発音して、後半をハーフタンギングで沈めたりします。実質16分音符のリズムを感じさせるので、よりリズムが強調されて躍動感のあるフレージングになります。どんなところで使っているか、よく聴いて探してみてください。
　技術的なヒントもひとこと。普通のタンギングでは、舌がリードに触れている間は音が止まってしまいますが、触れ方を工夫すると、舌がリードに触れていてもある程度の音が出続けますので、その音色の変化をうまく表現に利用するわけです。Good Luck!!

パート譜は切り離してお使いください。

WindsScore
Spielen Musik.

Solo Alto Saxophone and Piano

September

Maurice White, Al McKay, Alta Sherral Willis   Arr. by Takashi Hagihara, Kazune Tanaka

SEPTEMBER
Words & Music by Maurice Whiten, Al McKay and Alta Sherral Willis
© by EMI APRIL MUSIC, INC. and EMI BLACKWOOD MUSIC INC.
Permission granted by FUJIPACIFIC MUSIC INC.
Authorized for sale in Japan only.
© Copyright IRVING MUSIC
All rights reserved. Used by permission.
Print rights for Japan administered by Yamaha Music Entertainment Holdings, Inc.

パート譜は切り離してお使いください。

MEMO

◆編曲者・演奏者プロフィール◆

萩原 隆（サックス奏者）

　高校でサックスをはじめ、大学時代にビッグバンド・ジャズオーケストラの部に所属し、ジャズを学ぶ。在学中に山野ビッグバンドジャズコンテストにおいて、優秀ソリスト賞を受賞。

　卒業後、THE JANGOでメジャーデビュー。TVタイアップ、CMタイアップ、TV・ラジオレギュラー番組、ライブツアー活動をおこなう。シングル、アルバムなど、10枚以上のCDをリリース。代表曲は、TV「平成教育委員会」、ラジオ「オールナイトニッポン」のエンディングテーマや、「サークルK」クリスマスCMにも使用され、各地のFMチャートで1位を獲得。

　現在は、出身地の山梨を中心にソロ活動。楽譜シリーズ「めちゃモテ・サックス」からスタートした「めちゃモテ」シリーズの楽曲アレンジを手がける。

田中和音（作曲・ピアニスト）

　1987年8月30日大阪生まれ。

　幼少の頃よりクラシックピアノをはじめ、10歳でジャズピアノに転向。野球、ソフトボールと遊びに没頭した高校時代を経て、大阪芸術大学へ入学。関西を代表するジャズピアニスト、近秀樹氏に師事する。

　2010年、ピアニストとして参加している「あきは・みさき・BAND」が、横浜ジャズプロムナード、金沢ジャズストリートのコンペティションにおいて、グランプリをダブル受賞。

ご注文について

ウィンズスコアの商品は全国の楽器店、ならびに書店にてお求めになれますが、店頭でのご購入が困難な場合、当社WEBサイト・電話からのご注文で、直接ご購入が可能です。

◎当社WEBサイトでのご注文方法

http://www.winds-score.com

上記のURLへアクセスし、WEBショップにてご注文ください。

◎お電話でのご注文方法

TEL.0120-713-771

営業時間内に電話いただければ、電話にてご注文を承ります。

※この出版物の全部または一部を権利者に無断で複製(コピー)することは、著作権の侵害にあたり、著作権法により罰せられます。

※造本には十分注意しておりますが、万一、落丁・乱丁などの不良品がありましたらお取り替えいたします。また、ご意見・ご感想もホームページより受け付けておりますので、お気軽にお問い合わせください。